NINJA
KATZEN
riva
hisakata hiroyuki

Hier ein paar Kämpfer im schwarzen Original-Ninja-Dress.

»Du willst, dass ich Pfote gebe?
Ich bin doch kein Hündchen!«

»Aaaaachtung, Alter – der Pfosten!«

Ninjaregel #95: Das Wichtigste ist gute Beinarbeit – so werden die härtesten Fights gewonnen.

... und das passiert, wenn man seine Ninjaklamotten zu heiß wäscht.

So sehr sich die anderen auch bemühen,
Cat Black kommt seit seinem letzten Sieg gar nicht mehr runter von seinem Höhenflug.

Ninjaregel #56:
Je niedlicher du tust,
umso gefährlicher bist du.

Ninjaregel #2:
Huldige dem Ninjagott
mit so viel Inbrunst
wie möglich.

Nur weil der Gegner am Boden liegt,
heißt das noch nicht, dass der Kampf gewonnen ist.

Einige Kämpfer helfen auf Fischkuttern aus, um frisch gefangenen Fisch zu Sushi zu verarbeiten.

Ninjaregel #256:
Wenn nichts mehr hilft: schreien und Krallen ausfahren!

Die Kämpfer
fürchten
nichts ...
außer vielleicht
nass zu werden.

Bloß nicht zu
viel bewegen,
das muss
reichen.

Ninjamove #13:
der ausgestreckte Frosch –
ineffektiv, aber mit
bedrohlicher Außenwirkung.

Hier ist eine Variante des
»Zungenschlags des Drachens« zu sehen.
Erfahrene Kämpfer bringen damit sogar
Wasser dazu, in ihren Mund zu fließen.

Ninjamove #37:
der fliegende Wombat – besonders wirkungsvoll gegen bereits am Boden liegende Gegner.

Ninjaregel #264:
Tarnung
ist alles.

Die angehende Meisterin Nin Ji ist dafür bekannt,
ihr Training durch spontane Tanzeinlagen aufzulockern.

Todesmutig: Salto mortale rückwärts mit ausgestreckten Vorderbeinen.

... und in diesem Moment wusste Agent Black, dass sein letztes Stündlein geschlagen hatte.

Grazil und anmutig –
die fähigsten Kämpfer lassen sogar
eine Primaballerina alt aussehen.

Schon die Kleinsten trainieren
unter realen Bedingungen
ihre Street Credibility.

»Du willst Ärger?
Kannst du haben!«

Ninjachallenge:
Berühre mit so wenigen
Körperteilen wie möglich
den Boden.

Ein seltener Einblick in die Ninjaschule von Lehrmeister Kat Zing – hier bei einer harmlosen Streckübung mit seinem Schüler.

Ninjaregel #167:
Sind Menschen in der Nähe,
unterbrich sofort dein Training und
verhalte dich möglichst normal.

Meister Snowflake
besitzt den rosa Gürtel.

Ein Schnappschuss der Geheimoperation »NightInJapan«, bei der eine Stromversorgung gekappt wurde. Lange konnte nicht aufgeklärt werden, worin die Ursache lag ...

Freizeitbeschäftigung für viele Ninjas ist das höchste Konzentration und außerordentliches Geschick erfordernde Steinflippen.

Meisterin Fly Hi demonstriert hier einen waghalsigen Sprung par excellence: den Wadenspreizer mit Eigenschwanzdämpfung.

Diese Aktion aus dem Winter 2018 ist als »Katzensprung« in die Geschichte eingegangen. Beteiligt waren eine Katze und ein Flugzeug. Mehr darf an dieser Stelle nicht verraten werden.

Einige Kämpfer verdienen sich nebenbei als Model etwas dazu. Hier zu sehen: Chi Lin beim Covershooting für das monatlich erscheinende Magazin *Ninjayoga*.

Zunehmend werden Fälle bekannt, bei denen Kämpfer sich gegen lästige Fans wehren müssen.

Hier eine klassische Übungsabfolge aus der hohen Ninjakunst.

»Und die Rechte ist
noch nicht mal meine
stärkere Pfote.«

Jede Ninjakatze entwickelt im Laufe der Karriere ihr ganz eigenes Siegestänzchen.

Der High Flip,
ausgeführt mit
höchster Präzision.

Ninjaprofis können Kampfabfolgen sogar im Schlaf abrufen. Gegner der hinterhältigen Sorte nutzen die geringere Aufmerksamkeit für unerwartete Angriffe.

»Ninja in der Mitte« – ein überaus beliebtes Spiel unter Katzen – bereitet angehende Kämpfer auf Fights mit mehreren Gegnern vor.

»Ich schwöre, mein Gegner war sooo groß. Trotzdem hatte er keine Chance!«

Verwirrtaktik.
Zungeneinsatz:
10 von 10 Punkten.

»Guck doch mal. Durch die nächtliche Trainingseinheit habe ich meine Technik schon enorm verbessert, meinst du nicht?«

Ninjamove #23: die Fledermaus – entfaltet ihre höchste Wirksamkeit, wenn sie gegen größere Gegner ausgeführt wird.

Nur die fleißigsten Ninjakatzen üben selbst nach dem Training noch weiter. Ihre Disziplin zahlt sich aus – viele werden noch in ihrer Ausbildung unter Vertrag genommen.

Dass sich ihre kleine Schwester ohne zu fragen ihr Tutu genommen hatte, hielt Kitty-Katty noch lange nicht davon ab, wie jeden Dienstagabend ihre Pirouetten zu drehen.

»Sonnenverabschiedung« nennt sich diese mit Yoga verwandte Übung. Sie dient als Cool-down nach besonders hartem Training.

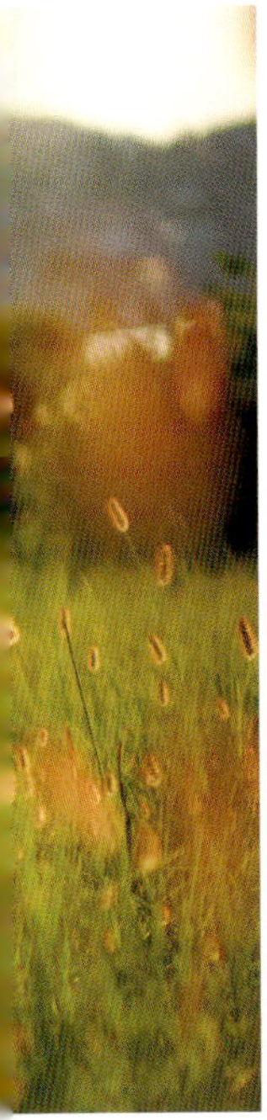

»Und dann gab ich ihm
mit diesem Kick
den Rest.«

Ninjaregel #568:
Hast du gewonnen,
mach ein Selfie.

Die anderen wollten nur ihre Ruhe,
doch Killkill Cat konnte einfach
nicht aus seiner Haut.

Ninjaregel #78:
Übe unauffälliges
Beschatten.
Hier ein
Negativbeispiel.

»Und jetzt synchron …
synchron hab ich
gesagt, ihr Vollpfosten!«

»… und dann habe ich ihn mit der ›Pfote des Todes‹ aufs Kreuz gelegt …«

Bibliografische Information der Deutschen Nationalbibliothek
Die Deutsche Nationalbibliothek verzeichnet diese Publikation in der Deutschen Nationalbibliografie.
Detaillierte bibliografische Daten sind im Internet über http://dnb.d-nb.de abrufbar.

Bei der Entstehung der Fotografien in diesem Buch kam kein Tier zu Schaden. Der Fotograf benutzte Spielzeug, um die Katzen anzulocken, und drückte im richtigen Moment den Auslöser.

Für Fragen und Anregungen
info@rivaverlag.de

1. Auflage 2019

Nymphenburger Straße 86
D-80636 München
Tel.: 089 651285-0
Fax: 089 652096

Umschlaggestaltung: Laura Osswald
Umschlagabbildung und Abbildungen im Innenteil: hisakata hiroyuki (@sakata_77)
Layout: Seiko Tanaka (MdN Design)
Satz: Andreas Linnemann
Druck: Graspo CZ, Tschechische Republik
Printed in the EU

ISBN Print 978-3-7423-0848-1
ISBN E-Book (PDF) 978-3-7453-0550-0
ISBN E-Book (EPUB, Mobi) 978-3-7453-0551-7